VIVIAN TENORIO

2014

GRATITUDE JOURNAL

This journal belongs to:

_____

VIVIAN TENORIO

GRATITUDE JOURNAL:
magical moments should be remembered forever

BY VIVIAN TENORIO

JAV PUBLISHING

www.viviantenorio.com

Printed in the United Stated of America

ISBN-10: 0615551734
ISBN-13: 978-0615551739

"Nothing can stop the man with the right mental attitude from achieving his goal; nothing on earth can help the man with the wrong mental attitude." -Thomas Jefferson

DEDICATION

To All Who Believe in Me
Thank you

I am grateful for

I am grateful for

I am grateful for

I am grateful for

"Never does nature say one thing and wisdom another."
-Juvenal

January 2, 2014

I am grateful for

I am grateful for

I am grateful for

I am grateful for

January 3, 2014

"Hear the meaning within the word." -William Shakespeare

I am grateful for

I am grateful for

I am grateful for

I am grateful for

January 4, 2014

I am grateful for

I am grateful for

I am grateful for

I am grateful for

January 5, 2014

I am grateful for

I am grateful for

I am grateful for

I am grateful for

"The education of circumstances is superior to that of tuition."
-William Wordsworth

January 6, 2014

I am grateful for

I am grateful for

I am grateful for

I am grateful for

January 7, 2014

I am grateful for

I am grateful for

I am grateful for

I am grateful for

January 8, 2014

"You must know for which harbor you are headed if you are to catch the right wind to take you there."   -Seneca

I am grateful for

I am grateful for

I am grateful for

I am grateful for

January 9, 2014

I am grateful for

I am grateful for

I am grateful for

I am grateful for

January 10, 2014

I am grateful for

I am grateful for

I am grateful for

I am grateful for

January 11, 2014

I am grateful for

I am grateful for

I am grateful for

I am grateful for

January 12, 2014

I am grateful for

I am grateful for

I am grateful for

I am grateful for

January 13, 2014

I am grateful for

I am grateful for

I am grateful for

I am grateful for

January 14, 2014

I am grateful for

I am grateful for

I am grateful for

I am grateful for

"Find the good and praise it." -Alex Haley

January 15, 2014

I am grateful for

I am grateful for

I am grateful for

I am grateful for

January 16, 2014

I am grateful for

I am grateful for

I am grateful for

I am grateful for

January 17, 2014

I am grateful for

I am grateful for

I am grateful for

I am grateful for

January 18, 2014

I am grateful for

I am grateful for

I am grateful for

I am grateful for

January 19, 2014

"You cannot dream yourself into a character; you must hammer and forge
yourself one." -Henry David Thoreau

I am grateful for

I am grateful for

I am grateful for

I am grateful for

January 20, 2014

I am grateful for

I am grateful for

I am grateful for

I am grateful for

January 21, 2014

I am grateful for

I am grateful for

I am grateful for

I am grateful for

January 22, 2014

I am grateful for

I am grateful for

I am grateful for

I am grateful for

January 23, 2014

I am grateful for

I am grateful for

I am grateful for

I am grateful for

January 24, 2014

I am grateful for

I am grateful for

I am grateful for

I am grateful for

January 25, 2014

I am grateful for

I am grateful for

I am grateful for

I am grateful for

January 26, 2014

I am grateful for

I am grateful for

I am grateful for

I am grateful for

"Happiness is itself a kind of gratitude." -Joseph Wood Krutch

January 27, 2014

I am grateful for

I am grateful for

I am grateful for

I am grateful for

January 28, 2014

I am grateful for

I am grateful for

I am grateful for

I am grateful for

January 29, 2014

I am grateful for

I am grateful for

I am grateful for

I am grateful for

January 30, 2014

I am grateful for

I am grateful for

I am grateful for

I am grateful for

January 31, 2014

I am grateful for

I am grateful for

I am grateful for

I am grateful for

February 1, 2014

I am grateful for

I am grateful for

I am grateful for

I am grateful for

February 2, 2014

I am grateful for

I am grateful for

I am grateful for

I am grateful for

February 3, 2014

"There is only one person who could ever make you happy, and that person is you." -David Burns

I am grateful for

I am grateful for

I am grateful for

I am grateful for

February 4, 2014

I am grateful for

I am grateful for

I am grateful for

I am grateful for

February 5, 2014

I am grateful for

I am grateful for

I am grateful for

I am grateful for

February 6, 2014

I am grateful for

I am grateful for

I am grateful for

I am grateful for

February 7, 2014

I am grateful for

I am grateful for

I am grateful for

I am grateful for

February 8, 2014

I am grateful for

I am grateful for

I am grateful for

I am grateful for

February 9, 2014

I am grateful for

I am grateful for

I am grateful for

I am grateful for

February 10, 2014

I am grateful for

I am grateful for

I am grateful for

I am grateful for

February 11, 2014

I am grateful for

I am grateful for

I am grateful for

I am grateful for

"Choosing to be positive and having a grateful attitude is going to determine
how you're going to live your life."   -Joel Osteen

February 12, 2014

I am grateful for

I am grateful for

I am grateful for

I am grateful for

February 13, 2014

I am grateful for

I am grateful for

I am grateful for

I am grateful for

February 14, 2014

I am grateful for

I am grateful for

I am grateful for

I am grateful for

February 15, 2014

I am grateful for

I am grateful for

I am grateful for

I am grateful for

February 16, 2014

I am grateful for

I am grateful for

I am grateful for

I am grateful for

February 17, 2014

I am grateful for

I am grateful for

I am grateful for

I am grateful for

February 18, 2014

I am grateful for

I am grateful for

I am grateful for

I am grateful for

February 19, 2014

I am grateful for

I am grateful for

I am grateful for

I am grateful for

February 20, 2014

I am grateful for

I am grateful for

I am grateful for

I am grateful for

February 21, 2014

I am grateful for

I am grateful for

I am grateful for

I am grateful for

February 22, 2014

I am grateful for

I am grateful for

I am grateful for

I am grateful for

February 23, 2014

I am grateful for

I am grateful for

I am grateful for

I am grateful for

February 24, 2014

"Life is like a library owned by the author. In it are a few books which he wrote himself, but most of them were written for him." -Harry Fosdick

I am grateful for

I am grateful for

I am grateful for

I am grateful for

February 25, 2014

I am grateful for

I am grateful for

I am grateful for

I am grateful for

February 26, 2014

I am grateful for

I am grateful for

I am grateful for

I am grateful for

February 27, 2014

I am grateful for

I am grateful for

I am grateful for

I am grateful for

February 28, 2014

I am grateful for

I am grateful for

I am grateful for

I am grateful for

March 1, 2014

I am grateful for

I am grateful for

I am grateful for

I am grateful for

March 2, 2014

I am grateful for

I am grateful for

I am grateful for

I am grateful for

March 3, 2014

I am grateful for

I am grateful for

I am grateful for

I am grateful for

"Dear Lord, I'm so grateful I'm still loved."   -Vivien Leigh

March 4, 2014

I am grateful for

I am grateful for

I am grateful for

I am grateful for

March 5, 2014

I am grateful for

I am grateful for

I am grateful for

I am grateful for

March 6, 2014

I am grateful for

I am grateful for

I am grateful for

I am grateful for

March 7, 2014

I am grateful for

I am grateful for

I am grateful for

I am grateful for

March 8, 2014

I am grateful for

I am grateful for

I am grateful for

I am grateful for

March 9, 2014

I am grateful for

I am grateful for

I am grateful for

I am grateful for

"Success does not consist in never making blunders, but in never making the same one a second time."   -Josh Billings

March 10, 2014

I am grateful for

I am grateful for

I am grateful for

I am grateful for

March 11, 2014

I am grateful for

I am grateful for

I am grateful for

I am grateful for

March 12, 2014

I am grateful for

I am grateful for

I am grateful for

I am grateful for

March 13, 2014

I am grateful for

I am grateful for

I am grateful for

I am grateful for

March 14, 2014

I am grateful for

I am grateful for

I am grateful for

I am grateful for

March 15, 2014

"Adapt yourself to the life you have been given; and truly love the people with whom destiny has surrounded you." -Marcus Aurelius

I am grateful for

I am grateful for

I am grateful for

I am grateful for

March 16, 2014

I am grateful for

I am grateful for

I am grateful for

I am grateful for

March 17, 2014

I am grateful for

I am grateful for

I am grateful for

I am grateful for

March 18, 2014

I am grateful for

I am grateful for

I am grateful for

I am grateful for

March 19, 2014

I am grateful for

I am grateful for

I am grateful for

I am grateful for

March 20, 2014

I am grateful for

I am grateful for

I am grateful for

I am grateful for

March 21, 2014

"Go back a little to leap further."   -John Clarke

I am grateful for

I am grateful for

I am grateful for

I am grateful for

March 22, 2014

I am grateful for

I am grateful for

I am grateful for

I am grateful for

March 23, 2014

I am grateful for

I am grateful for

I am grateful for

I am grateful for

March 24, 2014

I am grateful for

I am grateful for

I am grateful for

I am grateful for

March 25, 2014

I am grateful for

I am grateful for

I am grateful for

I am grateful for

March 26, 2014

"Life is either a darling adventure or nothing." –Helen Keller

I am grateful for

I am grateful for

I am grateful for

I am grateful for

March 27, 2014

I am grateful for

I am grateful for

I am grateful for

I am grateful for

March 28, 2014

I am grateful for

I am grateful for

I am grateful for

I am grateful for

March 29, 2014

I am grateful for

I am grateful for

I am grateful for

I am grateful for

March 30, 2014

I am grateful for

I am grateful for

I am grateful for

I am grateful for

March 31, 2014

I am grateful for

I am grateful for

I am grateful for

I am grateful for

April 1, 2014

I am grateful for

I am grateful for

I am grateful for

I am grateful for

April 2, 2014

I am grateful for

I am grateful for

I am grateful for

I am grateful for

April 3, 2014

I am grateful for

I am grateful for

I am grateful for

I am grateful for

"If at first you don't succeed, try, try again. Then quit. There's no use being a damn fool about it." -W.C. Fields

April 4, 2014

I am grateful for

I am grateful for

I am grateful for

I am grateful for

April 5, 2014

I am grateful for

I am grateful for

I am grateful for

I am grateful for

April 6, 2014

I am grateful for

I am grateful for

I am grateful for

I am grateful for

April 7, 2014

I am grateful for

I am grateful for

I am grateful for

I am grateful for

April 8, 2014

I am grateful for

I am grateful for

I am grateful for

I am grateful for

April 9, 2014

I am grateful for

I am grateful for

I am grateful for

I am grateful for

April 10, 2014

I am grateful for

I am grateful for

I am grateful for

I am grateful for

"Happiness resides not in possessions and not in gold; the feeling of happiness dwells in the soul."   -Democritus

April 11, 2014

I am grateful for

I am grateful for

I am grateful for

I am grateful for

April 12, 2014

I am grateful for

I am grateful for

I am grateful for

I am grateful for

April 13, 2014

I am grateful for

I am grateful for

I am grateful for

I am grateful for

April 14, 2014

I am grateful for

I am grateful for

I am grateful for

I am grateful for

April 15, 2014

I am grateful for

I am grateful for

I am grateful for

I am grateful for

April 16, 2014

I am grateful for

I am grateful for

I am grateful for

I am grateful for

April 17, 2014

I am grateful for

I am grateful for

I am grateful for

I am grateful for

April 18, 2014

I am grateful for

I am grateful for

I am grateful for

I am grateful for

"Wherever we look upon this earth, the opportunities take shape within the problems."   -Nelson A. Rockefeller

April 19, 2014

I am grateful for

I am grateful for

I am grateful for

I am grateful for

April 20, 2014

I am grateful for

I am grateful for

I am grateful for

I am grateful for

April 21, 2014

I am grateful for

I am grateful for

I am grateful for

I am grateful for

April 22, 2014

I am grateful for

I am grateful for

I am grateful for

I am grateful for

April 23, 2014

I am grateful for

I am grateful for

I am grateful for

I am grateful for

April 24, 2014

I am grateful for

I am grateful for

I am grateful for

I am grateful for

April 25, 2014

I am grateful for

I am grateful for

I am grateful for

I am grateful for

April 26, 2014

I am grateful for

I am grateful for

I am grateful for

I am grateful for

April 27, 2014

I am grateful for

I am grateful for

I am grateful for

I am grateful for

April 28, 2014

"There is only one way to happiness, and that is to cease worrying things which are beyond the power of our will." -Epictetus

I am grateful for

I am grateful for

I am grateful for

I am grateful for

April 29, 2014

I am grateful for

I am grateful for

I am grateful for

I am grateful for

April 30, 2014

I am grateful for

I am grateful for

I am grateful for

I am grateful for

May 1, 2014

I am grateful for

I am grateful for

I am grateful for

I am grateful for

May 2, 2014

I am grateful for

I am grateful for

I am grateful for

I am grateful for

May 3, 2014

I am grateful for

I am grateful for

I am grateful for

I am grateful for

May 4, 2014

I am grateful for

I am grateful for

I am grateful for

I am grateful for

May 5, 2014

I am grateful for

I am grateful for

I am grateful for

I am grateful for

"It is foolish to fear what you cannot avoid.   -Publius Syrus

May 6, 2014

I am grateful for

I am grateful for

I am grateful for

I am grateful for

May 7, 2014

I am grateful for

I am grateful for

I am grateful for

I am grateful for

May 8, 2014

I am grateful for

I am grateful for

I am grateful for

I am grateful for

May 9, 2014

I am grateful for

I am grateful for

I am grateful for

I am grateful for

May 10, 2014

I am grateful for

I am grateful for

I am grateful for

I am grateful for

"Knowing is not enough; we must apply. Willing is not enough we must do."
-Joann Wolfgang von Goethe

May 11, 2014

I am grateful for

I am grateful for

I am grateful for

I am grateful for

May 12, 2014

I am grateful for

I am grateful for

I am grateful for

I am grateful for

May 13, 2014

I am grateful for

I am grateful for

I am grateful for

I am grateful for

May 14, 2014

I am grateful for

I am grateful for

I am grateful for

I am grateful for

May 15, 2014

I am grateful for

I am grateful for

I am grateful for

I am grateful for

May 16, 2014

I am grateful for

I am grateful for

I am grateful for

I am grateful for

May 17, 2014

I am grateful for

I am grateful for

I am grateful for

I am grateful for

May 18, 2014

"The seat of knowledge is in the head, of wisdom, in the heart."

-William Hazlitt

I am grateful for

I am grateful for

I am grateful for

I am grateful for

May 19, 2014

I am grateful for

I am grateful for

I am grateful for

I am grateful for

May 20, 2014

I am grateful for

I am grateful for

I am grateful for

I am grateful for

May 21, 2014

I am grateful for

I am grateful for

I am grateful for

I am grateful for

May 22, 2014

I am grateful for

I am grateful for

I am grateful for

I am grateful for

May 23, 2014

I am grateful for

I am grateful for

I am grateful for

I am grateful for

May 24, 2014

I am grateful for

I am grateful for

I am grateful for

I am grateful for

May 25, 2014

I am grateful for

I am grateful for

I am grateful for

I am grateful for

May 26, 2014

I am grateful for

I am grateful for

I am grateful for

I am grateful for

May 27, 2014

I am grateful for

I am grateful for

I am grateful for

I am grateful for

May 28, 2014

I am grateful for

I am grateful for

I am grateful for

I am grateful for

"Some people are always grumbling because roses have thorns;
I am thankful that thorns have roses." -Alphonse Karr

May 29, 2014

I am grateful for

I am grateful for

I am grateful for

I am grateful for

May 30, 2014

I am grateful for

I am grateful for

I am grateful for

I am grateful for

May 31, 2014

I am grateful for

I am grateful for

I am grateful for

I am grateful for

June 1, 2014

I am grateful for

I am grateful for

I am grateful for

I am grateful for

June 2, 2014

I am grateful for

I am grateful for

I am grateful for

I am grateful for

June 3, 2014

I am grateful for

I am grateful for

I am grateful for

I am grateful for

June 4, 2014

I am grateful for

I am grateful for

I am grateful for

I am grateful for

June 5, 2014

I am grateful for

I am grateful for

I am grateful for

I am grateful for

June 6, 2014

I am grateful for

I am grateful for

I am grateful for

I am grateful for

June 7, 2014

I am grateful for

I am grateful for

I am grateful for

I am grateful for

June 8, 2014

I am grateful for

I am grateful for

I am grateful for

I am grateful for

June 9, 2014

"Good fortune and bad are equally necessary to man, to fit him to meet the contingencies of this life." -French Proverb

I am grateful for

I am grateful for

I am grateful for

I am grateful for

June 10, 2014

I am grateful for

I am grateful for

I am grateful for

I am grateful for

June 11, 2014

I am grateful for

I am grateful for

I am grateful for

I am grateful for

June 12, 2014

I am grateful for

I am grateful for

I am grateful for

I am grateful for

June 13, 2014

I am grateful for

I am grateful for

I am grateful for

I am grateful for

June 14, 2014

I am grateful for

I am grateful for

I am grateful for

I am grateful for

June 15, 2014

I am grateful for

I am grateful for

I am grateful for

I am grateful for

June 16, 2014

I am grateful for

I am grateful for

I am grateful for

I am grateful for

June 17, 2014

I am grateful for

I am grateful for

I am grateful for

I am grateful for

June 18, 2014

I am grateful for

I am grateful for

I am grateful for

I am grateful for

June 19, 2014

I am grateful for

I am grateful for

I am grateful for

I am grateful for

June 20, 2014

I am grateful for

I am grateful for

I am grateful for

I am grateful for

"There is no failure except in no longer trying." -Elbert Hubbard

June 21, 2014

I am grateful for

I am grateful for

I am grateful for

I am grateful for

June 22, 2014

I am grateful for

I am grateful for

I am grateful for

I am grateful for

June 23, 2014

I am grateful for

I am grateful for

I am grateful for

I am grateful for

June 24, 2014

I am grateful for

I am grateful for

I am grateful for

I am grateful for

June 25, 2014

I am grateful for

I am grateful for

I am grateful for

I am grateful for

June 26, 2014

I am grateful for

I am grateful for

I am grateful for

I am grateful for

June 27, 2014

I am grateful for

I am grateful for

I am grateful for

I am grateful for

"Self-trust is the first secret of success." ~Ralph Waldo Emerson

June 28, 2014

I am grateful for

I am grateful for

I am grateful for

I am grateful for

June 29, 2014

I am grateful for

I am grateful for

I am grateful for

I am grateful for

June 30, 2014

I am grateful for

I am grateful for

I am grateful for

I am grateful for

July 1, 2014

I am grateful for

I am grateful for

I am grateful for

I am grateful for

July 2, 2014

I am grateful for

I am grateful for

I am grateful for

I am grateful for

July 3, 2014

I am grateful for

I am grateful for

I am grateful for

I am grateful for

July 4, 2014

I am grateful for

I am grateful for

I am grateful for

I am grateful for

July 5, 2014

I am grateful for

I am grateful for

I am grateful for

I am grateful for

July 6, 2014

I am grateful for

I am grateful for

I am grateful for

I am grateful for

July 7, 2014

I am grateful for

I am grateful for

I am grateful for

I am grateful for

July 8, 2014

I am grateful for

I am grateful for

I am grateful for

I am grateful for

"Gratitude is something of which none of us can give too much.
For on the smiles, the thanks we give, our little gestures of appreciation, our
neighbors build their philosophy of life."
- A. J. Cronin

July 9, 2014

I am grateful for

I am grateful for

I am grateful for

I am grateful for

July 10, 2014

I am grateful for

I am grateful for

I am grateful for

I am grateful for

July 11, 2014

I am grateful for

I am grateful for

I am grateful for

I am grateful for

July 12, 2014

I am grateful for

I am grateful for

I am grateful for

I am grateful for

July 13, 2014

I am grateful for

I am grateful for

I am grateful for

I am grateful for

July 14, 2014

I am grateful for

I am grateful for

I am grateful for

I am grateful for

July 15, 2014

I am grateful for

I am grateful for

I am grateful for

I am grateful for

July 16, 2014

I am grateful for

I am grateful for

I am grateful for

I am grateful for

July 17, 2014

I am grateful for

I am grateful for

I am grateful for

I am grateful for

July 18, 2014

I am grateful for

I am grateful for

I am grateful for

I am grateful for

July 19, 2014

I am grateful for

I am grateful for

I am grateful for

I am grateful for

July 20, 2014

I am grateful for

I am grateful for

I am grateful for

I am grateful for

July 21, 2014

I am grateful for

I am grateful for

I am grateful for

I am grateful for

July 22, 2014

I am grateful for

I am grateful for

I am grateful for

I am grateful for

July 23, 2014

I am grateful for

I am grateful for

I am grateful for

I am grateful for

July 24, 2014

"A gentleman can withstand hardships; it is only the small man who, when submitted to them, is swept off his feet." -Confucius

I am grateful for

I am grateful for

I am grateful for

I am grateful for

July 25, 2014

I am grateful for

I am grateful for

I am grateful for

I am grateful for

July 26, 2014

I am grateful for

I am grateful for

I am grateful for

I am grateful for

July 27, 2014

I am grateful for

I am grateful for

I am grateful for

I am grateful for

July 28, 2014

I am grateful for

I am grateful for

I am grateful for

I am grateful for

July 29, 2014

I am grateful for

I am grateful for

I am grateful for

I am grateful for

July 30, 2014

I am grateful for

I am grateful for

I am grateful for

I am grateful for

July 31, 2014

I am grateful for

I am grateful for

I am grateful for

I am grateful for

August 1, 2014

I am grateful for

I am grateful for

I am grateful for

I am grateful for

August 2, 2014

I am grateful for

I am grateful for

I am grateful for

I am grateful for

August 3, 2014

I am grateful for

I am grateful for

I am grateful for

I am grateful for

August 4, 2014

I am grateful for

I am grateful for

I am grateful for

I am grateful for

August 5, 2014

I am grateful for

I am grateful for

I am grateful for

I am grateful for

August 6, 2014

I am grateful for

I am grateful for

I am grateful for

I am grateful for

August 7, 2014

I am grateful for

I am grateful for

I am grateful for

I am grateful for

August 8, 2014

I am grateful for

I am grateful for

I am grateful for

I am grateful for

August 9, 2014

I am grateful for

I am grateful for

I am grateful for

I am grateful for

August 10, 2014

I am grateful for

I am grateful for

I am grateful for

I am grateful for

August 11, 2014

I am grateful for

I am grateful for

I am grateful for

I am grateful for

"The single greatest thing you can do to change your life today would be to start being grateful for what you have right now." -Oprah Winfrey

August 12, 2014

I am grateful for

I am grateful for

I am grateful for

I am grateful for

August 13, 2014

I am grateful for

I am grateful for

I am grateful for

I am grateful for

August 14, 2014

I am grateful for

I am grateful for

I am grateful for

I am grateful for

August 15, 2014

I am grateful for

I am grateful for

I am grateful for

I am grateful for

August 16, 2014

I am grateful for

I am grateful for

I am grateful for

I am grateful for

August 17, 2014

I am grateful for

I am grateful for

I am grateful for

I am grateful for

August 18, 2014

I am grateful for

I am grateful for

I am grateful for

I am grateful for

August 19, 2014

I am grateful for

I am grateful for

I am grateful for

I am grateful for

August 20, 2014

I am grateful for

I am grateful for

I am grateful for

I am grateful for

August 21, 2014

I am grateful for

I am grateful for

I am grateful for

I am grateful for

August 22, 2014

I am grateful for

I am grateful for

I am grateful for

I am grateful for

"Experience is the child of thought, and thought is the child of action."
-Benjamin Disraeli

August 23, 2014

I am grateful for

I am grateful for

I am grateful for

I am grateful for

August 24, 2014

I am grateful for

I am grateful for

I am grateful for

I am grateful for

August 25, 2014

I am grateful for

I am grateful for

I am grateful for

I am grateful for

August 26, 2014

I am grateful for

I am grateful for

I am grateful for

I am grateful for

August 27, 2014

I am grateful for

I am grateful for

I am grateful for

I am grateful for

August 28, 2014

I am grateful for

I am grateful for

I am grateful for

I am grateful for

August 29, 2014

I am grateful for

I am grateful for

I am grateful for

I am grateful for

August 30, 2014

I am grateful for

I am grateful for

I am grateful for

I am grateful for

August 31, 2014

I am grateful for

I am grateful for

I am grateful for

I am grateful for

September 1, 2014

I am grateful for

I am grateful for

I am grateful for

I am grateful for

September 2, 2014

I am grateful for

I am grateful for

I am grateful for

I am grateful for

"It is impossible to feel grateful and depressed in the same moment."
-Naomi Williams

September 3, 2014

I am grateful for

I am grateful for

I am grateful for

I am grateful for

September 4, 2014

I am grateful for

I am grateful for

I am grateful for

I am grateful for

September 5, 2014

I am grateful for

I am grateful for

I am grateful for

I am grateful for

September 6, 2014

I am grateful for

I am grateful for

I am grateful for

I am grateful for

September 7, 2014

I am grateful for

I am grateful for

I am grateful for

I am grateful for

September 8, 2014

I am grateful for

I am grateful for

I am grateful for

I am grateful for

September 9, 2014

I am grateful for

I am grateful for

I am grateful for

I am grateful for

September 10, 2014

I am grateful for

I am grateful for

I am grateful for

I am grateful for

September 11, 2014

I am grateful for

I am grateful for

I am grateful for

I am grateful for

September 12, 2014

I am grateful for

I am grateful for

I am grateful for

I am grateful for

September 13, 2014

I am grateful for

I am grateful for

I am grateful for

I am grateful for

September 14, 2014

I am grateful for

I am grateful for

I am grateful for

I am grateful for

September 15, 2014

I am grateful for

I am grateful for

I am grateful for

I am grateful for

September 16, 2014

I am grateful for

I am grateful for

I am grateful for

I am grateful for

September 17, 2014

I am grateful for

I am grateful for

I am grateful for

I am grateful for

September 18, 2014

I am grateful for

I am grateful for

I am grateful for

I am grateful for

September 19, 2014

"Be the change you wish to see in the world."   -Gandhi

I am grateful for

I am grateful for

I am grateful for

I am grateful for

September 20, 2014

I am grateful for

I am grateful for

I am grateful for

I am grateful for

September 21, 2014

I am grateful for

I am grateful for

I am grateful for

I am grateful for

September 22, 2014

I am grateful for

I am grateful for

I am grateful for

I am grateful for

September 23, 2014

I am grateful for

I am grateful for

I am grateful for

I am grateful for

September 24, 2014

I am grateful for

I am grateful for

I am grateful for

I am grateful for

September 25, 2014

I am grateful for

I am grateful for

I am grateful for

I am grateful for

September 26, 2014

I am grateful for

I am grateful for

I am grateful for

I am grateful for

September 27, 2014

I am grateful for

I am grateful for

I am grateful for

I am grateful for

September 28, 2014

I am grateful for

I am grateful for

I am grateful for

I am grateful for

September 29, 2014

I am grateful for

I am grateful for

I am grateful for

I am grateful for

September 30, 2014

I am grateful for

I am grateful for

I am grateful for

I am grateful for

October 1, 2014

I am grateful for

I am grateful for

I am grateful for

I am grateful for

October 2, 2014

"Happy are those who dream dreams and are ready to pay the price to make them come true." -Leon J. Suenes

I am grateful for

I am grateful for

I am grateful for

I am grateful for

October 3, 2014

I am grateful for

I am grateful for

I am grateful for

I am grateful for

October 4, 2014

I am grateful for

I am grateful for

I am grateful for

I am grateful for

October 5, 2014

I am grateful for

I am grateful for

I am grateful for

I am grateful for

October 6, 2014

I am grateful for

I am grateful for

I am grateful for

I am grateful for

October 7, 2014

I am grateful for

I am grateful for

I am grateful for

I am grateful for

October 8, 2014

I am grateful for

I am grateful for

I am grateful for

I am grateful for

October 9, 2014

I am grateful for

I am grateful for

I am grateful for

I am grateful for

October 10, 2014

I am grateful for

I am grateful for

I am grateful for

I am grateful for

October 11, 2014

I am grateful for

I am grateful for

I am grateful for

I am grateful for

October 12, 2014

I am grateful for

I am grateful for

I am grateful for

I am grateful for

October 13, 2014

I am grateful for

I am grateful for

I am grateful for

I am grateful for

October 14, 2014

I am grateful for

I am grateful for

I am grateful for

I am grateful for

October 15, 2014

I am grateful for

I am grateful for

I am grateful for

I am grateful for

"Men are more mindful of wrongs than of benefits."   -Proverb

October 16, 2014

I am grateful for

I am grateful for

I am grateful for

I am grateful for

October 17, 2014

I am grateful for

I am grateful for

I am grateful for

I am grateful for

October 18, 2014

I am grateful for

I am grateful for

I am grateful for

I am grateful for

October 19, 2014

I am grateful for

I am grateful for

I am grateful for

I am grateful for

October 20, 2014

I am grateful for

I am grateful for

I am grateful for

I am grateful for

October 21, 2014

I am grateful for

I am grateful for

I am grateful for

I am grateful for

October 22, 2014

I am grateful for

I am grateful for

I am grateful for

I am grateful for

October 23, 2014

I am grateful for

I am grateful for

I am grateful for

I am grateful for

October 24, 2014

I am grateful for

I am grateful for

I am grateful for

I am grateful for

October 25, 2014

I am grateful for

I am grateful for

I am grateful for

I am grateful for

October 26, 2014

I am grateful for

I am grateful for

I am grateful for

I am grateful for

October 27, 2014

I am grateful for

I am grateful for

I am grateful for

I am grateful for

October 28, 2014

I am grateful for

I am grateful for

I am grateful for

I am grateful for

October 29, 2014

I am grateful for

I am grateful for

I am grateful for

I am grateful for

October 30, 2014

I am grateful for

I am grateful for

I am grateful for

I am grateful for

October 31, 2014

I am grateful for

I am grateful for

I am grateful for

I am grateful for

November 1, 2014

I am grateful for

I am grateful for

I am grateful for

I am grateful for

November 2, 2014

I am grateful for

I am grateful for

I am grateful for

I am grateful for

November 3, 2014

I am grateful for

I am grateful for

I am grateful for

I am grateful for

November 4, 2014

I am grateful for

I am grateful for

I am grateful for

I am grateful for

November 5, 2014

I am grateful for

I am grateful for

I am grateful for

I am grateful for

November 6, 2014

"Don't waste your life in doubt and fears; spend yourself on the work before you, well assured that the right performance of this hour's duties will be the best preparation for the hours or ages that follow it." -Ralph Waldo Emerson

I am grateful for

I am grateful for

I am grateful for

I am grateful for

November 7, 2014

I am grateful for

I am grateful for

I am grateful for

I am grateful for

November 8, 2014

I am grateful for

I am grateful for

I am grateful for

I am grateful for

November 9, 2014

I am grateful for

I am grateful for

I am grateful for

I am grateful for

November 10, 2014

I am grateful for

I am grateful for

I am grateful for

I am grateful for

November 11, 2014

I am grateful for

I am grateful for

I am grateful for

I am grateful for

November 12, 2014

I am grateful for

I am grateful for

I am grateful for

I am grateful for

November 13, 2014

I am grateful for

I am grateful for

I am grateful for

I am grateful for

November 14, 2014

I am grateful for

I am grateful for

I am grateful for

I am grateful for

November 15, 2014

I am grateful for

I am grateful for

I am grateful for

I am grateful for

November 16, 2014

I am grateful for

I am grateful for

I am grateful for

I am grateful for

November 17, 2014

I am grateful for

I am grateful for

I am grateful for

I am grateful for

November 18, 2014

I am grateful for

I am grateful for

I am grateful for

I am grateful for

November 19, 2014

I am grateful for

I am grateful for

I am grateful for

I am grateful for

"Make it thy business to know thyself, which is the most difficult lesson in the world." -Miguel de Cervantes

November 20, 2014

I am grateful for

I am grateful for

I am grateful for

I am grateful for

November 21, 2014

I am grateful for

I am grateful for

I am grateful for

I am grateful for

November 22, 2014

I am grateful for

I am grateful for

I am grateful for

I am grateful for

November 23, 2014

I am grateful for

I am grateful for

I am grateful for

I am grateful for

November 24, 2014

I am grateful for

I am grateful for

I am grateful for

I am grateful for

November 25, 2014

I am grateful for

I am grateful for

I am grateful for

I am grateful for

November 26, 2014

I am grateful for

I am grateful for

I am grateful for

I am grateful for

November 27, 2014

I am grateful for

I am grateful for

I am grateful for

I am grateful for

November 28, 2014

I am grateful for

I am grateful for

I am grateful for

I am grateful for

November 29, 2014

I am grateful for

I am grateful for

I am grateful for

I am grateful for

November 30, 2014

I am grateful for

I am grateful for

I am grateful for

I am grateful for

December 1, 2014

I am grateful for

I am grateful for

I am grateful for

I am grateful for

December 2, 2014

I am grateful for

I am grateful for

I am grateful for

I am grateful for

December 3, 2014

I am grateful for

I am grateful for

I am grateful for

I am grateful for

December 4, 2014

I am grateful for

I am grateful for

I am grateful for

I am grateful for

December 5, 2014

I am grateful for

I am grateful for

I am grateful for

I am grateful for

December 6, 2014

I am grateful for

I am grateful for

I am grateful for

I am grateful for

December 7, 2014

I am grateful for

I am grateful for

I am grateful for

I am grateful for

December 8, 2014

I am grateful for

I am grateful for

I am grateful for

I am grateful for

"Common sense in an uncommon degree is what the world calls wisdom."
-Samuel Taylor Coleridge

December 9, 2014

I am grateful for

I am grateful for

I am grateful for

I am grateful for

December 10, 2014

I am grateful for

I am grateful for

I am grateful for

I am grateful for

December 11, 2014

I am grateful for

I am grateful for

I am grateful for

I am grateful for

December 12, 2014

I am grateful for

I am grateful for

I am grateful for

I am grateful for

December 13, 2014

I am grateful for

I am grateful for

I am grateful for

I am grateful for

December 14, 2014

I am grateful for

I am grateful for

I am grateful for

I am grateful for

December 15, 2014

I am grateful for

I am grateful for

I am grateful for

I am grateful for

December 16, 2014

I am grateful for

I am grateful for

I am grateful for

I am grateful for

December 17, 2014

I am grateful for

I am grateful for

I am grateful for

I am grateful for

December 18, 2014

I am grateful for

I am grateful for

I am grateful for

I am grateful for

December 19, 2014

I am grateful for

I am grateful for

I am grateful for

I am grateful for

December 20, 2014

I am grateful for

I am grateful for

I am grateful for

I am grateful for

December 21, 2014

I am grateful for

I am grateful for

I am grateful for

I am grateful for

December 22, 2014

I am grateful for

I am grateful for

I am grateful for

I am grateful for

December 23, 2014

I am grateful for

I am grateful for

I am grateful for

I am grateful for

December 24, 2014
I am grateful for

I am grateful for

I am grateful for

I am grateful for

"If we do not plant knowledge when young, it will give us no shade when we
are old."   -Lord Chesterfield

December 25, 2014

I am grateful for

I am grateful for

I am grateful for

I am grateful for

December 26, 2014

I am grateful for

I am grateful for

I am grateful for

I am grateful for

December 27, 2014

I am grateful for

I am grateful for

I am grateful for

I am grateful for

December 28, 2014

I am grateful for

I am grateful for

I am grateful for

I am grateful for

December 29, 2014

I am grateful for

I am grateful for

I am grateful for

I am grateful for

December 30, 2014

I am grateful for

I am grateful for

I am grateful for

I am grateful for

December 31, 2014

I am grateful for

I am grateful for

I am grateful for

I am grateful for

"Your thoughts and beliefs of the past have created this moment, and all the moments up to this moment. What you are now choosing to believe and think and say will create the next moment and the next day and the next month and the next year."   –Louise Hay

BEST MOMENTS OF 2014

GOALS FOR 2015

NOTES

NOTES

OTHER BOOKS BY VIVIAN TENORIO:

Pink Slip to Product Launch in a Weak Economy

Pregnancy Journal: heartwarming memories

High School Journal: 4-year journal of my high school years

Wisdom Journal: wisdom worth passing on

Dating Journal: remember why you fell in love

2012 - 2016 Gratitude Journal: magical moments should be
remembered forever

2012 - 2016 Dream Journal: remember your dreams forever

IN SPANISH

Diario de Embarazo: tiernos recuerdos

2012 – 2016 Diario de Gratitud: los momentos mágicos deben ser
recordados

2012 – 2016 Diario de Sueños: recuerde sus suenos para siempre

ABOUT THE AUTHOR

Vivian's belief in thinking that anything was possible if she just put her mind to it helped her deal with and hustle through the challenges she faced as a teenage mother, young wife and high school dropout.

This no-limits attitude led her to open a restaurant, start Signature Flan, start a publishing company "JAV Publishing", and become the author of her 1st book and now creator of a series of journals.

Website
www.viviantenorio.com

Made in the USA
Lexington, KY
09 October 2014